Jana A. Czipin - Praxisbuch Pranayama

Mein Dank gilt

Luna Susanne Baillod

und Sophia Wenzel

Jana A. Czipin

Praxisbuch Pranayama

Atemübungen für Yogis,
Apnoe-Taucher
und schwangere Frauen

Von der Autorin ebenfalls erschienen:

Ashtanga Yoga. Praxis, Theorie und Philosophie.
BoD 2014, ISBN 978-3-7322-6313-4.

Practice Manual Pranayama, Breathing exercises for
Yogis, free divers and pregnant women
2. edition 2014, ISBN 978-3-8482-0775-6.

Bibliografische Information der Deutschen Nationalbibliothek.

Die Deutsche Nationalbibliothek verzeichnet diese Publikation in der
Deutschen Nationalbibliografie; detaillierte bibliografische Daten sind
im Internet über http://dnb.d-nb.de abrufbar.

Jana A. Czipin

Praxisbuch Pranayama

1. Auflage 2012
2. Auflage 2014

© Jana A. Czipin

www.yanayoga.de

Herstellung und Verlag:
Books on Demand GmbH, Norderstedt
ISBN 978-3-8482-0228-7

Inhalt

Vorwort

Die Anwendung der körperlichen Übungen des Yoga (= Asanas) ist in Europa und den USA weitverbreitet, während die Atemübungen (= Pranayama[1]) zwar bekannt sind, aber nur selten weiterführend gelehrt oder praktiziert werden. Das ist bedauerlich, denn die Anwendungsfelder des Pranayamas sind sowohl auf körperlicher wie geistiger Ebene außerordentlich hilfreich, und die Effekte der Übungen gehen tiefer als die der Asanas.

Alle Übungen des Yogas zielen auf eine geistige Disziplinierung und eine Harmonisierung von Körper und Geist ab. Die Kontrolle des Atems spielt dabei eine wichtige Rolle.

Die ca. 500 Jahre alte Hatha Yoga Pradipika merkt an:

> HYP II.2
> Ist der Atem unruhig, so ist es auch der Geist.
> Ist der Atem ruhig, so ist es auch der Geist.

Pranayama ist Teil des Ashtanga Yogas, das in den USA seit den 60er Jahren des letzten Jahrhunderts populär ist und in den letzten Jahren auch in Europa eine starke Verbreitung gefunden hat.

Ashtanga bedeutet wörtlich "acht-armig" und diese Form des Yoga wurde in dem Buch "Die Yoga Sutras" des indischen Gelehrten Patanjali vor ungefähr 2000 Jahren beschrieben. Patanjali definiert das Ziel des Yoga als die

---

[1] Sanskrit *prana* bedeutet „Atem, Energie, Stärke" oder „Lebenskraft" und *ayama* = „Länge, Kontrolle, Ausdehnung".

"Kontrolle über die geistigen Aktivitäten"[2] und die acht Teile des Ashtanga Yoga arbeiten zusammen, um dieses Ziel zu erreichen.

Yama (moralische Haltung) and **Niyama** (Selbstdisziplin) bilden das sittlich-ethische Rüstzeug für die Yogapraxis. **Asanas** (körperliche Übungen) machen den Körper gesund, kräftig und beweglich. Zusätzlich zu einer tiefen Reinigung des Körpers und des Geistes vertiefen die Atemübungen des **Pranayamas** die Konzentrationsfähigkeit und verfeinern die Wahrnehmung.

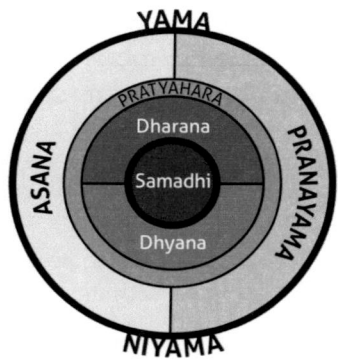

Diese ersten vier Glieder des Ashtanga Yogas werden manchmal „äußeres Yoga" genannt und mit Hatha Yoga gleichgesetzt. Sie bereiten Geist und Körper optimal für die weiteren vier Glieder des „inneren Yogas" vor: **Pratyahara** (Zurückziehen der Sinne), **Dharana** (Konzentration), **Dhyana** (Meditation) and **Shamadhi** (Selbsterkenntnis). Diese Anteile arbeiten an der spirituellen und geistigen Entwicklung des Menschen.

---

[2] YS I.2: *yogah chittavritti nirodaa*. Übersetzung: „Yoga ist das Beherrschen der geistigen Aktivitäten."

Im Yoga geht man davon aus, dass ein wankelmütiger und unruhiger Geist zu einem unglücklichen Leben beiträgt, während ein stabiler und gelassener Geist ein harmonisches und zufriedenes Leben ermöglicht. Alle Übungen des Pranayamas dienen uns dazu, nicht nur bewusst und richtig zu atmen, sondern den Atem auch zu kontrollieren und mit der Zeit bewusst so einzusetzen, dass physische und mentale Vorgänge im Körper gesteuert werden können.

In Indien heißt es, dass das Pranayama auch Illusionen, Ignoranz und Begierden reduziert und zur Erkenntnis führt. Dazu sagen die Yoga Sutras:

> YS II.52
> Pranayama beseitigt den Vorhang, der das Licht des Wissens verhüllt
> YS II.53
> und (das) macht den Geist fit für die Konzentration (was die Voraussetzung für Meditation ist).

Die Übungen können aber auch dazu eingesetzt werden, bestimmte Lebenssituationen zu verbessern und zu erleichtern. Zum Beispiel wird durch eine verstärkte Sauerstoffzufuhr der Körper vitalisiert und bei der Heilung von Krankheiten und Verletzungen unterstützt. Der durch die Übungen entspannte Geist ist widerstandsfähiger gegen Stress oder Depressionen.

Pranayama kann ganz allgemein zu mehr Wohlbefinden und einem zufriedenen Leben beitragen. In der Schwangerschaft sorgen einige spezifische Übungen für das Wohlergehen von Mutter und Kind und können die Geburt erleichtern. Apnoe-Tauchern wiederum ist es möglich, durch Pranayama ihre Leistung und Sicherheit unter Wasser zu verbessern. Musiker, Sänger, professionelle Sprecher und auch Lehrer können ebenfalls hilfreiche Atemübungen finden.

Dieses Praxisbuch soll Menschen, die sich intensiver mit Pranayama beschäftigen wollen, als Nachschlagewerk, Ratgeber und Übungshandbuch dienen. Es werden die Grundzüge des Pranayamas und die Anwendungen einiger ausgewählter Atemübungen erklärt. Sie tragen hoffentlich ebenso wie die Asanas zum Wohlbefinden, zur Leistungssteigerung und spirituellen Entwicklung der Übenden bei.

Die Autorin weist explizit daraufhin, dass Pranayama in Begleitung eines Yogalehrers oder einer Yogalehrerin gelernt werden soll und übernimmt keinerlei Verantwortung für mögliche Schäden, die bei der Ausführung der beschriebenen Übungen auftreten können.

1. Allgemeines

Wir tätigen durchschnittlich rund 15-20 Atemzüge in der Minute. Durch die sogenannte <u>äußere Atmung</u> wird Energie von außen nach innen geleitet und in den Lungen findet der Gasaustausch statt. Bei der Zellatmung – auch <u>innere Atmung</u> genannt - absorbiert jede Körperzelle Sauerstoff, wenn die Blutzirkulation diese an sie heranträgt. Durch die Oxidation entsteht Energie, die die Zelle ernährt, erfrischt und am Leben erhält.

Pranayama regt vor allem diese Zellatmung an, es verbessert aber auch die Blutzirkulation und den Austausch von Gasen in den Geweben. Bei den Übungen entsteht eine innere Hitze, die die Körperwärme erhöht und zu einer tief greifenden Belebung des Organismus führt. Abfallstoffe werden besser „verdaut" und durch Schweiß und Ausatmung ausgeschieden. Dies hat eine tiefe Reinigung, die jede Körperzelle erreicht, zur Folge.

Die Atmung ist die einzige reflexbedingte organische Aktivität, die auch bewusst von unserem Willen gesteuert werden kann. Da Atmung und Herzschlag im Verhältnis 1:4 miteinander verbunden sind, ist es möglich, durch bewusste und tiefe Atmung den Herzschlag gezielt zu verlangsamen. Ein indischer Yogi misst seine Lebenszeit nicht in Jahren, sondern in Atemzügen. Er folgt damit der Ansicht, jedem Menschen stehe nur eine bestimmte Anzahl von Atemzügen zur Verfügung, sind diese getan, stirbt er. Wer langsamer atmet, wird demnach länger leben. Dies macht medizinisch durchaus Sinn, denn ein langsamer Herzschlag gibt dem Herzen mehr Zeit zu rasten und es kann sich besser erholen und länger effektiv arbeiten.

Über die Atmung gewinnen wir auch Einfluss auf den Geist. Er beruhigt sich, wird regeneriert, gewinnt Klarheit und wird auf eine höhere spirituelle Ebene gehoben. Die Regulierung des Atems harmonisiert Körper und Geist, Blockaden lösen sich und Energie (= *Prana*) fließt ungehindert durch den Körper; ein energetisches Gleichgewicht stellt sich ein.

Die Übungen bringen nicht nur mehr Sauerstoff in den Körper, sondern auch hoch konzentriertes Prana. Die wörtliche Übersetzung von Prana bedeutet: das, was ununterbrochen überall präsent ist. Man könnte Prana als die Gesamtsumme aller Energien im Universum bezeichnen. Wir absorbieren Prana durch:

➢ Nervenenden in der Nasengrube (Geruch)
➢ Alveolen der Lunge (Atmung)
➢ Zunge (Essen)
➢ Haut (Sonne, Wärme, Licht)

Unsere Atmung wechselt in einem natürlichen Rhythmus nach 1h und 50 min von dem linken Nasenloch auf das rechte und umgekehrt. Auf diese Weise werden beide Seiten des Körpers abwechselnd mit Energie versorgt, im Gleichgewicht gehalten und in Einklang gebracht. Das dürfte vor allem positive Auswirkungen auf die unterschiedlichen Aufgaben der beiden Hemisphären im Gehirn haben, die ja als Team arbeiten, um ihre komplexen Aufgaben zu bewältigen. Atmet man nur durch eine Seite ein, wird die entsprechende Seite des Gehirns und des Körpers aktiviert und intensiver mit Prana versorgt.[3]

---

[3] Siehe Pranayama Bhedana, S 39.

Durch den Körper laufen nun Energiebahnen (sogenannte *nadis*[4]), in denen das Prana transportiert wird. Sie haben keine physiologische Existenz, wohl aber eine energetische und sind häufig nicht durchlässig. Von den gedachten 72.000 dieser Nadis dominieren *Ida* und *Pingala*[5]. *Ida* beginnt im linken Nasenloch und *Pingala* im rechten. Im oberen Teil der Nase befinden sich links und rechts gehäuft Nervenzellen, die durch die Atmung aktiviert werden. Von hier ausgehend laufen *Ida* und *Pingala* entlang der Wirbelsäule hinunter bis ins Becken. *Ida* wird eine erfrischende Wirkung zugeschrieben, während *Pingala* den Körper erwärmt. Über die beiden Nadis wird wechselseitig jeweils eine Gehirnhälfte verstärkt mit Prana versorgt. Sind *Ida* und *Pingala* ausgeglichen, gleichen sich auch alle anderen Aspekte des Körpers aus. Manchmal ist diese Balance durch ein blockiertes Nasenloch gestört. Die Wechselatmung (**Nadi Shodhana**) kann in diesem Fall wieder eine Harmonisierung herstellen.

Sitzpositionen für Pranayama

Pranayama wird normalerweise in einer bequemen Sitzpositionen ausgeübt, wie z. B. in:

➤ Vajrasana: Diamantsitz: Die Füße dienen als Kissen für das Gesäß,
➤ Siddhasana: Schneidersitz, die Beine werden gekreuzt,
➤ (Ardha) Padmasana: (Halber) Lotussitz: die Beine sind gekreuzt, die Füße (oder ein Fuß) liegen auf den Oberschenkeln, so nah wie möglich an den Hüftknochen.

---

[4] Sanskrit *nadi* bedeutet „Röhre, in welcher Energie fließt."
[5] Ida und Pingala werden auch als Mond- und Sonnennadi bezeichnet.

Es ist wichtig, die Wirbelsäule gerade und aufrecht zu halten und die Schultern zu entspannen. Die Hände ruhen auf den Oberschenkeln oder Knien. Sind die Hüften unflexibel, ist es besser, etwas erhöht auf einem Kissen zu sitzen, so dass es leichter fällt, die Wirbelsäule gerade zu halten.

Falls es einem Übenden schwer fällt, die Wirbelsäule über einen längeren Zeitraum aufrecht zu halten, dann kann er den Rücken gegen eine Wand lehnen oder in einem Sessel sitzend üben. Letzteres wird für Menschen empfohlen, die nicht mit gekreuzten Beinen am Boden sitzen können. Grundsätzlich ist es gleichgültig, welche Sitzposition man einnimmt, solang die Wirbelsäule aufrecht bleibt und der Oberkörper nicht nach vorne gebeugt wird; dadurch wäre die Atmung eingeschränkt.

Eine reguläre Asanas-Praxis ist die ideale Vorbereitung für Pranayama, da die Yogapositionen den Körper optimal für längeres Sitzen mit geradem Rücken trainieren.

Mudras: Handhaltungen

Für viele Übungen werden spezielle Handhaltungen, sogenannte Mudras[6], benutzt. Der ganze Körper, auch die Finger, sollte in einer bequemen, aber konzentrierten Position gehalten werden.

Chin Mudra[7] ist dabei das Gängigste. Es wird für die Hand verwendet, die während der Übung keine Aufgabe hat, und

---

[6] Sanskrit *mudra* bedeutet „Siegel"
[7] Sanskrit *chin* bedeutet „Bewusstsein". Dieses Mudra wird auch „Gyan Mudra" genannt, *gyan* bedeutet „Weisheit, Erleuchtung".

ॐ

ist auch eine klassische Handhaltung für Meditations-
übungen.

- ➤ Daumen und Zeigefinger bilden einen Ring,
  die Spitzen berühren sich sanft. Die Hände
  ruhen auf den Oberschenkeln oder auf
  den Knien.
- ➤ Wenn die Finger nach oben zeigen, wird
  Energie aus dem Universum bezogen.
  Weisen sie nach unten, verbindet man sich mit der
  Kraft der Erde, Körper und Geist verankern sich.
- ➤ Die Ellbogen befinden sich nahe am Körper und die
  Schultern sind locker.

Vishnu Mudra[8] wird traditionell mit der rechten Hand
geformt.

- ➤ Zeige- und Mittelfinger sind abgebogen
  und berühren die Handfläche.
- ➤ Bei Übungen wie Nadi Shodhana[9] wird
  mit dem Daumen das rechte Nasenloch
  verschlossen und das linke mit dem Ring-
  und kleinem Finger.
- ➤ Im fortgeschrittenem Stadium wird ein Nasenloch ganz
  und das andere teilweise verschlossen. Das erlaubt
  eine Feinabstimmung des Atems.

Jala Neti: Nasenreinigung

Es kann hilfreich sein, die Nase vor den Atemübungen
speziell zu reinigen. So stellt man sicher, dass beide

---

[8] Dieses Mudra wird manchmal wergen seiner Form auch Mugi Mudra
genannt, *mugi* bedeutet „Geiß" oder „Ricke".
[9] Siehe praktischen Teil für diese Atemübung.

Nasenlöcher offen sind und gleichwertig arbeiten können. Regelmäßig angewendet werden dadurch Bakterien und Viren abgetötet, Verkühlungen und Probleme mit dem Druckausgleich können vermieden werden.

> Fülle eine kleine Schale mit Salzwasser (1 Teelöffel für 1½ l Wasser).

> Verschließe eine Seite der Nase mit dem Daumen und sauge das Salzwasser durch das andere Nasenloch ein. Stelle sicher, dass keine Luft inhaliert wird.

> Hebe den Kopf, sodass das Wasser in die Mundhöhle rinnen kann und spucke es durch den Mund wieder aus.

Die Nase und der Rachen werden auf diese Weise 2-3 mal auf beiden Seiten gereinigt, am besten tut man das am Morgen oder vor den Pranayamaübungen.

Savasana: Schlussentspannung

Jede Yogapraxis wird mit einer Entspannungsphase abgeschlossen. Dazu legt man sich bequem auf den Rücken, die Arme und Beine liegen mit etwas Abstand vom Körper entfernt auf dem Boden, die Handflächen zeigen nach oben. Schmerzt der untere Rücken, so sollten die Beine aufgestellt und die Knie aneinander gelehnt werden. Die Augen werden geschlossen.

> Man bleibt für fünf bis zehn Minuten liegen und atmet leicht und frei. Jeden Muskel im Körper wird bewusst entspannt.

Je länger man die Übungen durchgeführt hat, desto länger sollte die Ruhephase sein, z. B. sollte man bei einer Übungszeit von bis zu dreißig Minuten mindestens fünf

Minuten ruhen, bei einer Übungszeit über dreißig Minuten mindestens zehn Minuten.

Diese Position entspannt den Körper, erfrischt den Geist und reduziert Stress und Anspannung. Während der Ruhezeit sollte der Körper nicht auskühlen, daher kann es empfehlenswert sein, sich mit einer Decke zuzudecken. Versuche, nicht einzuschlafen.

Ratschläge

Es wird ausdrücklich empfohlen, Pranayama mit einem Lehrer oder einer Lehrerin zu lernen. Die Übungen können intensive physische wie psychische Auswirkungen haben und es ist notwendig, sie den Möglichkeiten und Bedürfnissen des Schülers oder der Schülerin anzupassen und langsam aufzubauen. Die Hatha Yoga Pradipika warnt:

> HTP II.15
> Wie Löwe, Elefant und Tiger nur langsam gezähmt werden können, so wird auch der Atem (durch Pranayama) langsam gezähmt, sonst tötet er den Übenden.

Die Übungen sollten an einem ruhigen, ungestörten Platz ausgeführt werden. Es ist wichtig, aufmerksam zu bleiben, da feine, innere Prozesse beobachtet werden. Alle Übungen werden mit geschlossenen Augen ausgeführt, damit die Aufmerksamkeit nach innen gerichtet bleiben kann. Die tieferen Effekte des Pranayamas zeigen sich vor allem dann, wenn man regelmäßig und über einen längeren Zeitraum hinweg praktiziert.

Am besten übt man einmal am Tag am frühen Morgen. Wer eine intensive Asana-Praxis wie die 1. Serie des Ashtanga Yogas übt, sollte diese am Morgen machen und Pranayama am Abend. Ein anderes empfehlenswertes

Morgenprogramm ist: zwanzig Minuten Asanas, zwanzig Minuten Pranayama und zwanzig Minuten Meditation.

Wenn keine Asana-Praxis betrieben wird, ist es hilfreich, den Körper mit einigen physischen Übungen – wie weiter unten beschrieben – aufzuwärmen. Es wird empfohlen, die Pranayama-Praxis immer mit zwei bis drei Minuten Wechselatmung (**Nadi Shodhana**) zu beginnen. Danach sollten maximal zwei andere Pranayama ausgeführt werden.

Die Atmung sollte niemals gezwungen sein oder über-anstrengt werden, sie darf nicht schroff angehalten oder gelöst werden, auch nicht bei längeren Atemanhaltungen. Die Übergänge müssen sanft und unmerklich vor sich gehen. Wer nicht alle Phasen der Atmung unter Kontrolle hat, sollte mit kleineren Übungseinheiten arbeiten.

Eine Übung ist dann gemeistert, wenn es möglich ist, sie für mindestens zehn Minuten auszuführen, ohne sich erschöpft zu fühlen oder außer Atem zu geraten. Nur dann darf man eine Stufe weitergehen oder Bandhas hinzufügen.

Nach der Praxis sollte man auf jeden Fall Savasana – die Schlussentspannung – einhalten.

Pranayama sollte nicht mit einem vollen Magen ausgeübt werden, am besten wartet man mindestens zwei Stunden nach einer Mahlzeit, bevor man beginnt.

Wenn beim Üben von Pranayama unangenehme Gefühle, Schmerz, Atemlosigkeit, Engegefühl in der Brust, Schwindel oder Übelkeit auftreten, muss man die Übung sofort beenden, in Savasana ausruhen und an diesem Tag nicht mehr weiter machen. Wenn die Probleme weiter bestehen oder wiederholt auftreten, konsultiert man am besten eine/n gut ausgebildete/n YogalehrerIn oder eine/n Arzt/Ärztin.

HTP II.16
Wenn die Pranayamaübungen ordnungsgemäß durchgeführt
werden, beseitigen sie alle Krankheiten; aber eine falsche Praxis
erzeugt Krankheiten.

Man sollte nicht üben, wenn man emotional durcheinander
oder sehr müde ist. Manchmal geschieht es, dass
unterdrückte Gefühle hochkommen. In diesem Fall ist es
wichtig, sie nicht zu ignorieren. Man sollte die Übung
beenden, die Gefühle wahrnehmen, sich mit ihnen
auseinandersetzen und in Savasana entspannen.

Atemübungen für Schwangere

Schwangere Frauen können spezielle Atemübungen
praktizieren, welche sowohl für die werdende Mutter wie
auch für das Ungeborene gesundheitsfördernd und
entspannend sind. Diese Übungen sind nicht nur in der
Schwangerschaft nützlich, sondern können auch die Geburt
erleichtern. Da es wichtig ist, sich zu entspannen, wird vor
allem an der Ausatmung gearbeitet. Während der
Schwangerschaft dürfen KEINE längeren Atemanhaltungen
ausgeführt werden.

Für Schwangerschaft und Geburt werden folgende
Atemübungen empfohlen: **Ujjayi**, eine lange und tiefe
Atmungstechnik, die entspannt und zur Konzentration im
gegenwärtigen Moment verhilft. Einfache Formen von **Nadi
Shodhana** (Wechselatmung), die die Energien im Körper
ausgleichen. **Bhramari** ist ganz besonders angeraten, da
das sanfte Brummen Mutter und ungeborenes Kind
entspannt und das Baby sanft massiert.

Savasana – Schlussentspannung

Für eine Schwangere kann es schwierig werden, längere Zeit in der Schlussentspannung am Rücken zu liegen. In den ersten sechs Monaten wird daher empfohlen, die Beine auf ein Kissen zu legen, um den Druck auf die untere Wirbelsäule zu vermindern. So wird vermieden, dass die Vena Cava (eine lange Vene, die entlang der Wirbelsäule verläuft und den Uterus umrundet) über längere Zeit hinweg abgedrückt wird, was für die Schwangere und das Kind gefährlich werden könnte. In den letzten drei Monaten der Schwangerschaft kann Savasana auf der Seite liegend mit Kissen unter dem Arm und zwischen den Beinen ausgeführt werden.

Wehen und Geburt

Während der Geburt kann frau sich eine Wehe wie eine Welle vorstellen, durch die sie mit ihrer Atmung quasi durchtaucht. Sie atme durch den Mund aus und durch die Nase ein, drei bis fünf Mal während einer Wehe und stellt sich vor, den Schmerz wegatmen zu können.

Bhramari reduziert auch während der Geburt die innere Anspannung und kann den Schmerz der Wehen lindern.

Bandha: Energieverschluss

In fortgeschrittenem Stadium werden Bandhas dazu benutzt, Prana zu konzentrieren und Geist und Körper zu stabilisieren.

Bandhas sind energetische Verschlüsse, die Prana im Körper halten und es in den beiden wichtigen Nadis *Ida* und *Pingala* konzentrieren. Bandhas senken die Atemfrequenz und fördern Ruhe und Entspannung. Andere gesundheitliche Effekte sind die Regulierung des Blutdrucks und der Herzfrequenz, die Verbesserung des Muskeltonus und die Massage des Verdauungssystems. Bandhas machen den Körper leicht und flexibel und haben einen positiven Einfluss auf das Hormonsystem.

Die drei wesentlichen Bandhas sind:

- > **Mula Bandha - Wurzelverschluss**
  Der Beckenbodenmuskel (jener Muskel, der den Urinstrahl unterbrechen kann) wird zusammen und etwas nach oben gezogen. Dadurch erhöht sich das Volumen der Atmung, das Becken wird stabilisiert, der Darm und der Unterbauch werden gehoben und gestärkt. Der Körper ist dadurch weniger erdgebunden und fühlt sich leichter an.
  Schwangere sollten die Beherrschung dieses Bandhas lernen, da es das Baby sicher im Uterus hält und die so trainierten Muskeln bei der Geburt kräftig mitarbeiten können.
- > **Uddiyana Bandha - "Höhenflug"**
  Nach einer Ausatmung wird der Nabel nach innen in Richtung Wirbelsäule und etwas nach oben gezogen. Dieses Bandha stimuliert durch das Zusammendrücken der Organe die Stoffwechselvorgänge. Dazu stabilisiert es die Mitte des Körpers, hilft das Gleichgewicht zu halten und schützt den unteren Rücken vor Überanstrengung. Menschen mit Bandscheibenproblemen im unteren Rücken können von diesem Bandha sehr profitieren.
- > **Jalandhara Bandha - Kinnverschluss**
  Das Kinn wird zum Brustbein gezogen und verschließt die Kehle. Das funktioniert wie der Verschluss einer Flasche, die entweder gerade gefüllt oder geleert

wurde (je nach Ein- oder Ausatmung). Diese Sperre stimuliert die Schilddrüse und Nebenschilddrüse und kann Fehlleistungen dieser Drüsen verringern oder gar korrigieren. Diesem Bandha wird nachgesagt, es habe auch eine reinigende Wirkung auf Denken und Handeln.

Kumbhaka: Atemanhaltungen

Bei einigen Übungen[10] des Pranayamas hält man den Atem an. Diese Technik erhöht die Fähigkeit, den Atem unter Kontrolle zu bringen und den Instinkt dem Willen zu unterwerfen.

Die Grundbewegungen von Pranayama sind Einatmung (*puraka*[11]), Atemanhaltung (*kumbhaka*[12]) und Ausatmung (*rećaka*[13]). Atemanhaltungen können nach der Einatmung (*antah kumbhaka*[14]) und/oder nach der Ausatmung (*bahya kumbhaka*[15]) ausgeführt werden.

Durch das Anhalten des Atems entsteht nach kurzer Zeit ein Konflikt zwischen bewusstem Willen und Ateminstinkt. Während der Atemanhaltung steigt der CO_2-Gehalt im Blut und der Sauerstoffgehalt sinkt, da von außen keiner mehr zugeführt wird. Ab einer bestimmten Menge von CO_2 sendet der Körper ein Signal zum Gehirn und befiehlt zu atmen. Mit Willensanstrengung und Beherrschung können wir lernen, diesem Impuls nicht sofort

---

[10] Die Hatha Yoga Pradipika zählt in HTP II.44 insgesamt acht Übungen auf.
[11] Sanskrit *puraka* bedeutet „erfüllen" oder „vervollständigen".
[12] Sanskrit *kumbhaka* bedeutet „Gefäß" oder „gehalten".
[13] Sanskrit *rećaka* bedeutet „leeren" oder „ausstoßen".
[14] Sanskrit *antah* bedeutet „innen" also nach der Einatmung.
[15] Sanskrit *bahya* bedeutet „außen", also nach der Ausatmung.

nachzugeben, sondern bewusst eine bestimmte Zeit lang hinauszuzögern. Je länger der Willen den Ateminstinkt beherrschen kann, desto länger können wir uns selbst mental kontrollieren.

Wird der Atem angehalten, setzt der Körper vermehrt Prana frei und verteilt es im ganzen Organismus, was zu dessen Vitalisierung führt.

Im Durchschnitt können Menschen 25-75 Sekunden den Atem anhalten. Über die Dauer der Anhaltung entscheidet aber nicht die letzte Einatmung. Da der meiste Sauerstoff im Blut transportiert wird, ist sein Gehalt hauptsächlich von den vorhergehenden Atemzügen abhängig.

Die Länge der Atemanhaltung erzeugt unterschiedliche Reaktionen im Körper.

> **3-20 Sekunden Atemanhaltung:**
  In diesem Zeitraum findet eine bessere „Verdauung" der Luft statt. Da sie sich länger in den Lungen befindet, kann mehr Gasaustausch erfolgen. Die Sauerstoffaufnahme wird gesteigert, das CO_2 stärker ausgeschieden.

> **20-90 Sekunden Atemanhaltung:**
  In diesem Zeitraum erlebt man eine stärkere Reaktion und Gegenindikationen können vor sich gehen. Um die notwendige Energie zu erzeugen, wird als erstes Zucker abgebaut. Der CO_2 Gehalt steigt, der Körper erwärmt sich, auch weil die Lungen als Kühlung ausfallen.

> ## 90 Sekunden – mehrere Minuten Atemanhaltung:

Bei Anhaltungen über 1½ Minuten können ekstatische Zustände auftreten. Tief greifende physiologische Veränderungen gehen vor sich und der Körper revitalisiert sich. Atemanhaltungen dieser Länge regen die Milz an, die sich zusammenzieht und dabei größere Mengen roter Blutkörperchen ausschüttet.

Leidet jemand unter hohem Blutdruck, sollte er keine langen Atemanhaltungen ausführen. Für niedrigen Blutdruck werden Atemanhaltungen nach der Einatmung (*antah kumbhaka*) empfohlen.

Atemübungen für Apnoe-Taucher

Gerade die Pranayamas mit Atemanhaltungen sind hilfreiche Übungen für Apnoe-Taucher, die damit nicht nur ihre Leistungen unter Wasser verbessern, sondern auch sicherer tauchen können.

Taucht das Gesicht eines Menschen ins Wasser, dann setzt der sogenannte Tauch-Reflex ein. Sensoren auf den Wangen und rund um Nase und Mund signalisieren dem Körper, dass das Gesicht unter Wasser ist und verhindert instinktive Atmung. Deshalb kann man Neugeborene unter Wasser tauchen, ohne dass sie Wasser einatmen werden. Des weiteren wird automatisch Sauerstoff aus den Muskeln freigesetzt und Zucker abgebaut, um die nötige Energie zu erzeugen und die Sauerstoffreserven nicht so schnell aufzubrauchen. Der Puls fällt und der Herzschlag verlangsamt sich.

Um möglichst lange und sicher tauchen zu können, sollte das Blut mit Sauerstoff angereichert sein und das Herz so langsam wie möglich schlagen, damit wenig Sauerstoff verbrannt wird. Mentale Kontrolle ist notwendig, damit der Taucher oder Taucherin nicht panikartig an die Oberfläche zurückkehrt, wenn die Atemnot schon so groß ist, dass der Überlebensinstinkt genau dies verlangt.

Vor allem bei tiefen Tauchgängen müssen Apnoe-Taucher mit ihrem Willen gegen den Instinkt zu Atmen und dem Wunsch, so rasch wie möglich an die Wasseroberfläche zu gelangen, ankämpfen. Bewegen sie sich zu schnell, verbrauchen sie mehr Sauerstoff und geraten in Gefahr eine Flachwasser-Ohnmacht zu erleiden, die im schlimmsten Fall tödlich enden kann. Damit Apnoe-TaucherInnen sicher tauchen können, benötigen sie sowohl Kontrolle über ihre Körperbewegungen wie auch über ihren Geist und ihren Instinkt.

Anuloma Krama, Ujjayi und einfach Variationen von **Nadi Shodhana** sind hilfreiche Übungen für alle Apnoe-Taucher, die auch vor Tauchgängen geübt werden können. Die **Viśamavritti Variation** von Nadi Shodhana trainiert vor allem die Atemanhaltung mit leeren Lungen. Damit hebt man die Schwelle nach oben, mit der der Körper auf den steigenden CO_2-Spiegel im Blut reagiert und Signale ins Gehirn schickt, die nach Atmung verlangen. Man sollte aber sicherstellen, dass die Übungen einen nicht zu stark ermüden. Da nur sehr wenig Luft eingeatmet wird, darf diese Übung nur im Trockentraining angewendet werden und niemals direkt vor einem Tauchgang.

2. Praxis

Aufwärmübungen für Nacken und Schultern

Um richtig atmen zu können, benötigen wir ein weiches und elastisches Zwerchfell. Die folgenden Übungen sind nützlich, um die Atemmuskulatur zu trainieren und auf die Übungen vorzubereiten. Sie können immer als Aufwärmübungen verwendet werden.

Man setzt sich bequem hin, hält den Rücken gerade und atmet ruhig.

> Die Arme werden horizontal gehoben und die Ellbogen 90° abwinkelt, sodass die Unterarme senkrecht nach oben zeigen. Mit der Ausatmung führt man die Arme vor der Brust zusammen und mit der Einatmung zieht man sie nach außen, damit der Brustkorb sich dehnt und die Schultern geöffnet werden. Fünf bis zehn Mal ausführen.

> Man lehnt sich zur Seite, stützt sich mit einem Arm am Boden ab und streckt den anderen über den Kopf, damit die Flanken gedehnt werden. Wichtig ist, dass die Sitzknochen am Boden bleiben. Man dehnt sich bis in die Fingerspitzen und zieht den Arm lang. Dann einatmen, den Körper zurück zur Mitte bringen und mit der Ausatmung zu anderen Seite dehnen. Mehrmals auf beiden Seiten wiederholen.

> Mit der Nase wird eine 8 in die Luft gezeichnet, es kann eine liegende oder eine stehende 8 sein. Die Nase wird fünf Mal in jeder Richtung gedreht; damit wird die Nackenmuskulatur gelockert.

- Man verschränkt die Hände hinter dem Rücken und dreht die Handflächen nach außen. Dann atmet man tief ein und hebt den Kopf. Jetzt ausatmen und den Oberkörper nach vorne beugen. Gleichzeitig werden die Arme so hoch wie möglich gehoben und der Kopf sinkt nach vorne. Man hält die Luft für einen Moment an, dann atmet man ein und kommt in eine aufrechte Position zurück. Die Übung kann drei bis fünf Mal wiederholt werden, ohne dabei die Finger zu lösen.

- **Jesta**
  Der Kopf wird leicht gebeugt, die Arme über den Kopf gehoben und dann biegt man die Ellbogen ab und legt die Handflächen links und rechts neben der Wirbelsäule auf die Schulterblätter. Die Ellbogen zeigen nach oben, die Schultern bleiben gesenkt und entspannt. Man atmet ruhig, ohne Geräusch oder Muskelanspannung. Die Position wird für ein bis zwei Minuten gehalten. Dann die Arme herunter nehmen, sich entspannen und eine Minute normal atmen.
  Die Übung wird mindestens fünf Mal ausgeführt. Sie trainiert die Arme, Schultern und Nacken, öffnet den Brustkorb und bringt Energie in den gesamten Bereich. Diese Übung kann innere Hitze im Körper erzeugen, was ein Zeichen für die Reinigung des Körpers ist.

- **Hubschrauber**
  Diese Übung wird im Stehen ausgeführt und ist auch eine gute Morgenübung, um in Schwung zu kommen und eine gesunde Wirbelsäule zu pflegen.
  Man steht mit den Füßen etwas weiter als hüftbreit auseinander und hält die Arme und Schultern entspannt. Nun dreht man den Oberkörper von einer Seite zur anderen und schaut bei jeder Wendung über die jeweilige Schulter. Diese Bewegung, die der

Rotorenbewegung eines Hubschraubers gleicht, dreht die Wirbelsäule von der Basis bis zur Krone des Kopfes. Man lässt die Arme an den Körper schlagen, ohne sie durch Schulterspannung zu kontrollieren. Nach sechs bis zehn Umdrehungen kann man die Bewegung durch das Anheben einer Fußsohle dynamischer machen und vertiefen. Die Arme können dabei frei fliegen, die Bewegungskontrolle erfolgt aus dem Körperzentrum heraus.

Es kann vorkommen, dass einem während der Übung schwindlig wird. In diesem Fall beendet man die Bewegung und konzentriert den Blick auf einen Punkt gerade vor einem. Dann klingt der Schwindel schnell ab.

Menschen, die an einem akuten Bandscheibenvorfall leiden, können diese Übung als hilfreich empfinden, dürfen sich aber nicht soweit drehen, dass sie Schmerzen im Rücken verspüren.

Eine wichtige Voraussetzung für die richtige Ausführung von Pranayamaübungen ist das verfeinerte Bewusstsein der eigenen Atmung. Die folgende **Achtsamkeits- und Konzentrationsübungen** können praktiziert werden, um diese Voraussetzung zu schaffen.

Stellt man bei diesen Wahrnehmungsübungen fest, dass ein großer Unterschied zwischen der Ein- und Ausatmung in Tiefe und/oder Dauer besteht, dann ist es empfehlenswert, besonders jene Pranayama zu üben, die die schwächere Funktion verbessern und ein Gleichgewicht zwischen der Ein- und Ausatmung herstellen.

> ➢ Konzentration: Man setze sich bequem hin, hält den Rücken aufrecht und schließt die Augen. Nun versucht man, sich einzig auf die Atmung zu konzentrieren. Man sollte einfach nur spüren, wie die Atmung bestimmte Teile des Körpers bewegt, wahrnehmen, wo Bewegung

stattfindet und beobachten, wie die Atmung sich
anfühlt.

➤ Man legt sich flach hin und bringt eine Hand auf den
Bauch knapp über den Nabel und die andere auf den
Brustkorb. Man atmet fünf mal so, dass sich nur die
Hand auf dem Bauch bewegt und fünfmal so, dass nur
die Hand auf der Brust bewegt wird. Den Unterschied
zwischen den beiden Bewegungen wahrnehmen.

➤ Man legt die Hände rechts und links auf die unteren
Rippen und atmet so tief, dass sie bei der Einatmung
nach außen gedrückt werden und bei der Ausatmung
nach innen gehen. Dabei kann man sich vorstellen, der
Oberkörper wird wie ein Ballon aufgeblasen und dehnt
sich dabei nach allen Seiten.

➤ Man legt sich auf den Bauch und beschwert den
unteren Rücken mit einem dicken Buch. Dann langsam
und bewusst atmen, bis das Buch sich auf und ab
bewegt.

Eine simple, aber sehr hilfreiche Konzentrationsübung ist
Nasam.

Nasam

Nasam[16] ist eine Übung, die immer und überall ausgeführt
werden kann und auf verschiedenen Ebenen Wirkungen
zeigt. Zuallererst ist es eine Atemübung, die die
Konzentrationsfähigkeit fördert, aber sie aktiviert auch die
Nervenzellen in den Händen, speziell in den Fingern. Viele
Endpunkte von Nervenbahnen befinden sich in den Händen,
daher beeinflusst Nasam das Wohlbefinden des ganzen
Körpers positiv. Es kann auch dazu benutzt werden,

---

[16] Sanskrit *nasam* bedeutet „Nase" oder „Nasenlöcher".

beschädigte Handnerven zu reaktivieren oder zittrige Hände (z. B. im Frühstadium der Parkinsonkrankheit) besser unter Kontrolle zu bringen.

Nasam ist ebenfalls eine beliebte Meditationsübung, da die Aufmerksamkeit auf die Bewegung der Finger und auf der Atmung gehalten wird und der Geist sich tiefgehend regenerieren kann. So können z. B. Musiker mit dieser Übung nicht nur ihre Fingerbeweglichkeit verbessern, sie erfahren durch die verstärkte Aufmerksamkeit auf die Atmung auch eine mentale Entspannung, was bei Lampenfieber helfen kann. Aus diesem Grund ist Nasam auch für Apnoetaucher vor Wettkämpfen geeignet, oder für schwangere Frauen, wenn sie Panik oder Stress verspüren.

Ausführung:

➤ Man sitzt bequem mit geradem Rücken und legt die Hände entspannt auf die Knie, die Handflächen zeigen nach oben. Wir beginnen an der linken Hand.

➤ Die Spitze des linken Daumens wird an die Fingerwurzel des linken, kleinen Fingers gelegt.

➤ Dann atmet man ein und fährt langsam mit dem Daumen den kleinen Finger entlang bis zu dessen Spitze.

➤ Man atmet aus und führt nun die Fingerspitze des kleinen Fingers am Daumen hinunter und zwar von dessen Spitze bis zur Daumenwurzel.

➤ Jetzt legt man die Daumenspitze an die Fingerwurzel des Ringfingers und fährt langsam den Finger hinauf bis zu dessen Spitze.

> ➢ Man atmet aus und führt nun die Fingerspitze des Ringfingers am Daumen hinunter bis zur Daumenwurzel.

> ➢ Die gleiche Bewegung wird an Mittel- und Zeigefinger wiederholt. Während der Einatmung läuft der Daumen einen Finger hinauf und während der Ausatmung läuft der jeweilige Finger den Daumen hinunter.

> ➢ Wenn man mit dem Zeigefinger der linken Hand fertig ist, wird das Ganze an der rechten Hand ausgeführt.

Einmal an der rechten und linken Hand durchgeführt bildet einen Zyklus. Es können soviel Zyklen wie gewünscht gemacht werden, für eine spürbare Wirkung werden mindestens drei Zyklen empfohlen.

Manchmal sind ein Finger oder mehrere so steif, dass die Bewegung nicht vollständig ausgeführt werden kann. Dann stellt man sich die Ausführung trotzdem vor und bewegt den Finger, so gut es geht. Mit zunehmender Übung wird es tatsächlich möglich, die Fingern vollständig auf und ab zu führen.

Für Pranayama ist eine richtige und entspannte Atmung wichtig. Die sogenannte volle Yoga-Atmung schafft eine gute Grundlage und eignet sich hervorragend dafür, fehlerhafte Atmenmuster zu korrigieren.

Volle Yoga-Atmung

Wir unterscheiden grundsätzlich drei Atemformen, die normalerweise mit Bewusstseinszuständen zusammenhängen:

Bauch- oder Zwerchfellatmung

Wenn wir mit der Bauchatmung einatmen, bewegt sich das Zwerchfell nach unten und schafft so mehr Platz für die Lungen, die sich in alle Richtungen ausdehnen. Das Zwerchfell presst die Bauchorgane etwas zusammen, so dass sich die Bauchwand nach außen dehnt. Bei der Ausatmung bewegt sich das Zwerchfell nach oben und die Bauchwand nach innen. Im Gegensatz zu der Einatmung ist die Ausatmung normalerweise ein passiver Vorgang.

Die Bauchatmung ermöglicht die volle Nutzung des Lungenvermögens und stellt unsere natürliche Atmung dar. Wer diese Form der Atmung nicht ausführen kann, muss sie zuerst erlernen, bevor er mit den eigentlichen Pranayamaübungen beginnen kann.

Brustatmung

Bei der Einatmung werden die Rippen angehoben und der Brustkorb ausdehnt. Mit der Ausatmung kehren die Rippen und der Brustkorb in ihre ursprüngliche Position zurück. Die Luft strömt bei dieser Atmung nur bis in die mittleren Lungenlappen, das Zwerchfell bewegt sich kaum und die Lungen werden nicht so stark wie mit der Bauchatmung gefüllt. Der Atem ist kürzer und flacher.

Diese Atmung erfolgt automatisch in Stresssituationen, verursacht durch Nervosität oder Anspannung. Die verkürzte Atmung erhöht die Herzfrequenz und das Blut zirkuliert schneller, was einen Zustand erhöhter Spannung erzeugt. Menschen, die nur auf diese Weise atmen, haben oft Probleme sich zu entspannen und fühlen sich unwohl, wenn sie sich in der tieferen Bauchatmung versuchen. Sie müssen die Bauchatmung graduell und langsam erlernen und werden großen Nutzen aus der Umstellung ziehen.

Schlüsselbeinatmung

Bei dieser Art der Atmung kommt frische Luft nur in die Spitzen der Lunge. Mit dem Einatmen heben sich der obere Teil der Brust und die Schlüsselbeine an und mit dem Ausatmen senken sie sich wieder. Diese Atemform ist extrem flach und schnell. Sie tritt in Situationen von extremem Stress und Panik auf, oder wenn es starke Atembehinderungen gibt. Tiefes Durchatmen ist für Menschen, die nur eine Schlüsselbeinatmung besitzen, beinahe unmöglich. Es liegt die Vermutung nahe, dass eine derart verkürzte Atmung Krankheiten ungünstig beeinflusst, da nicht genug frischer Sauerstoff, den wir zur Heilung benötigen, in den Körper gelangt. Umgekehrt berichten z. B. Arthritis-Patienten[17], dass sie durch das Erlernen von tiefer und entspannter Atmung vor allem die schmerzhaften Symptome ihrer Krankheit reduzieren konnten.

Bei der vollen Yoga-Atmung, die auch als dirgha[18]-Atmung bezeichnet wird, benutzen wir bewusst alle drei Atemformen. Sie wird in drei Teile beschrieben, aber eigentlich ist es eine lange Einatmung und eine lange Ausatmung. Manche Menschen sind es nicht gewohnt, so tief und lange zu atmen, sie können dabei Schwindel und Unwohlsein erleben. Ihnen wird empfohlen, anfangs nur liegend und für kurze Zeit zu üben.

Ausführung

➢ Man liegt bequem auf dem Rücken und legt eine Hand auf den Bauch, knapp über dem Bauchnabel, und die andere auf die Brust.

---

[17] Z. B. auf http://www.pyptusa.org/pagesdir/testimonials.html
[18] Sanskrit *dirgha* bedeutet „verlängert" oder „für längere Zeit".

- ➢ Wir beginnen mit einer Ausatmung. Beim Ausatmen werden die Bauchmuskeln in Richtung Wirbelsäule gezogen, die Hand sinkt etwas nach unten.

- ➢ Dann entspannt man die Muskeln und beginnt einzuatmen. Die Luft füllt jetzt den unteren Rippenbereich, das Zwerchfell bewegt sich nach unten, drückt gegen die Organe und die Bauchdecke wölbt sich etwas nach außen, sodass sich auch die Hand am Bauch hebt.

- ➢ Man atmet weiter ein, bis man fühlt, dass der Brustkorb und die Rippen sich weiten; dies spürt man nicht nur an der Vorderseite des Körpers, sondern auch am Rücken und an den Seiten. Die Hand auf der Brust hebt sich mit dem Brustkorb.

- ➢ Schließlich füllt man die Spitzen der Lunge, bis sich das Gefühl einstellt, dass die Schlüsselbeine leicht angehoben werden.

- ➢ Hier hält man den Atem für einen Moment an.

- ➢ Mit der langsamen Ausatmung senken sich zuerst die Schlüsselbeine, dann der Brustkorb und die Rippen, und schließlich sinkt auch die Bauchdecke nach unten. Die Hände auf der Brust und auf dem Bauch sinken wie in einer Wellenbewegung eine nach der anderen nach unten.

- ➢ Auch nach der Ausatmung wird der Atem für einen Moment angehalten.

Wir können auf diese Weise 3-15 tiefe Atemzüge nehmen und sowohl eine regenerierende wie auch eine entspannende Wirkung verspüren. Wenn die Übung im Liegen bequem und einfach geworden ist, kann sie im Sitzen oder im Stehen versucht werden. Wichtig ist, dass die

Wirbelsäule aufrecht und gerade gehalten wird und die Schultern entspannt bleiben.

Wir können die volle Yoga-Atmung als Aufwärmübung für die Pranayama-Praxis, aber auch für die Asana-Praxis benutzen. Sie stellt einen guten Weg dar, um Körper und Geist zu verbinden und die Aufmerksamkeit auf den gegenwärtigen Augenblick zu lenken.

Wirkung
Die volle Yoga-Atmung verbessert die Aufmerksamkeit und Konzentrationsfähigkeit, sie reduziert Angst und hilft, Stress und Ärger besser zu handhaben. Auch kann sie zu ruhigerem Schlaf und mehr Ausdauer verhelfen.

3. Pranayama

Wichtiger Hinweis: Übungen, die an der Einatmung arbeiten, aktivieren den Körper und werden für den Morgen empfohlen; Übungen für die Ausatmung entspannen wiederum den Körper und werden besser am Abend praktiziert.

Ein Beispiel für die Zählweise ist folgende: Die Nummern 4-16-8-0 bedeuten:

- 4 Zähler Einatmung (puraka)
- 16 Zähler Atemanhaltung (antah kumbhaka)
- 8 Zähler Ausatmung (recaka)
- 0 Zähler, keine Atemanhaltungen (bahya kumbhaka)

Um eine Kontrolle über die Atmung zu erlangen, konzentriert man sich zuerst auf die Ausatmung.

1. Recaka

Mit Recaka arbeiten wir an der Verlängerung der Ausatmung. Die Einatmung erfolgt automatisch und vertieft sich, je länger die Ausatmung andauert. Dies sollte zuerst im Liegen und erst später im Sitzen geübt werden. Diese Übung kann bei Schlaflosigkeit helfen und wird am besten abends ausgeführt.

Ausführung:

➢ Freie Einatmung.

➢ Ausatmen und zählen, wie lange die Ausatmung dauert.

Man wiederhole das Zählen für fünf bis zehn Atemzüge. Da jedermann unterschiedlich lange atmet, wird man auf verschiedene Zahlen kommen, vielleicht auf zwei oder drei, vielleicht auf fünf oder mehr. Die Nummer an sich ist nicht relevant. Je nachdem zu welchem Ergebnis man kommt, arbeitet man von dort weiter.

➢ Freie Einatmung.

➢ Ausatmen und um eins länger ausatmen als bei der ersten Übung.

Wenn die obige Zahl z. B. drei ergab, dann jetzt bis vier ausatmen. Man übe dies für zehn Atemzüge.

➢ Freie Einatmung.

➢ Ausatmen und wieder um eins länger ausatmen als bei der zweiten Übung.

Man übe das wiederum für zehn Atemzüge.

Man kann diese Erweiterungen so lange fortsetzen, wie man leicht und einfach dabei ausatmen kann.

2. Ujjayi

Diese Atemtechnik wird im Asthanga Yoga während der Praxis der Asanas (z. B. während der Ausführung der 1. Serie) benutzt. Ujjayi[19]-Atmung stellt sicher, dass tiefer und bewusster geatmet wird, sie fördert die Atemkontrolle und versorgt den Körper intensiver mit Sauerstoff.

Das Wellen ähnliche Geräusch wird durch eine leichte Verengung der Halsmuskeln erzeugt. Die richtige Kehlstellung kann dadurch gefunden werden, indem man sich vorstellt, man würde einen warmen Hauch erzeugen,

---

[19] Sanskrit *ujjai* bedeutet "siegreiche Atmung".

um einen Spiegel zu beschlagen. Dieses Hauchgeräusch wird zuerst einige Male mit geöffnetem Mund geübt, danach schließt man den Mund, behält die Kehlstellung aber bei und atmet weiter. Es sollte ein sehr subtiler und sanfter Klang entstehen.

Wenn man spürt, dass die Kehle zu kratzen beginnt oder die Übung in irgendeiner Form unangenehm wird, dann sollte man sie beenden und am nächsten Tag wieder versuchen. Manchen Übenden wird bei längerer Anwendung etwas schwindelig. Dies wird durch die erhöhte Sauerstoffaufnahme im Gehirn verursacht, der Effekt vergeht aber bei regelmäßiger Anwendung.

Wirkung

Ujjayi stärkt das Nerven- und Verdauungssystem und vermindert die Schleimproduktion. Es ist eine Atemtechnik, die beruhigend, entspannend und zentrierend wirkt, weil wir die Aktivitäten des Geistes auf den Klang des Atems konzentrieren, was auch die Konzentrationsfähigkeit erhöht.

Ujjayi findet ebenfalls als Meditationstechnik Verwendung. Hier kann man mit geschlossenen Augen üben und sich vorstellen, dass das in der Kehle produzierte Geräusch Meereswellen sind, die an den Strand rollen, was einen sehr beruhigenden Effekt hat.

Eine ebenfalls einfach und für jeden Menschen mögliche Übung ist Bhramari.

3. Bhramari[20]

In dieser Übung wird ein Laut erzeugt, der an das Summen von Bienen erinnert. Zusätzlich kann das *Sanmukhi Mudra verwendet werden,* das die Sinne verschließt, Ablenkungen verhindert und die Aufmerksamkeit nach innen richtet. Wer ohne Mudra übt, legt stattdessen die Hände in Chin Mudra auf die Oberschenkel. Dies empfiehlt sich für Menschen mit Schulterschmerzen.

Sanmukhi Mudra:

Die ersten beiden Finger werden sanft auf die geschlossenen Augen gelegt, wobei kein Druck ausgeübt wird. Die Ringfinger liegen unter der Nase, ohne diese zu blockieren, und die kleinen Finger unter den Lippen. Mit den Daumen werden die Ohren verschlossen, so dass kein Geräusch nach innen dringen kann.

Ausführung:

➢ Normal einatmen.

➢ So lange wie möglich ausatmen, während ein summender Ton gehalten wird.

Diese Anwendung während zehn Atemzüge wiederholen, ohne die Hände vom Gesicht zu nehmen. Dann die Hände in Chin Mudra auf die Oberschenkel legen und 12-15 Mal ruhig atmen. Den Summton nachschwingen lassen. Dies ergibt einen Zyklus und man kann bis zu zehn Zyklen üben.

---

[20] Sanskrit *bhramari* bedeutet "Bienen".

Wirkung

Diese Übung fördert die Konzentration und entspannt den Geist. Die lange Ausatmung begünstigt den Gasaustausch in den Lungen. Das Summen erzeugt eine warme und positive Vibration im Körper. Da die Stimme sanft trainiert wird, ist es eine gute Aufwärmübung, die die Stimmbänder reinigt und erfrischt. Menschen, die singen oder viel sprechen müssen, wird diese Übung deswegen empfohlen.

Auch bei hyperaktiven Kindern können gute Erfolge zur Beruhigung der Kinder erzielt werden.

Die folgenden beiden Pranayama werden Anfängern ebenfalls empfohlen.

4. Samavritti

In dieser Übung sind alle aktiven Teile der Atmung gleich lang. Eine Möglichkeit ist 4-0-4-0:

Ausführung:

➤ Einatmen, bis 4 zählen.
Kurze Atempause.
Ausatmen, bis 4 zählen.
Kurze Atempause.

4		4	
Ein	P	Aus	P

Wem vier Zähler zu lang erscheinen, kann mit zwei oder drei anfangen.

Dieses Pranayama reguliert die Länge der Ein- und Ausatmung. Die Regulierung erhöht unsere Aufmerksamkeit und kann ungleiche Längen verringern und ausgleichen. Fortgeschrittene können Atemanhaltungen der selben Länge hinzufügen, z. B. 4-4-4-0 oder 4-4-4-4.

4	4	4	4
Ein	H	Aus	H

5. Viśamavritti

In dieser Übung sind die aktiven Teile der Atmung ungleich lang. Eine klassisches Beispiel ist 4-0-8-0:

> **Ausführung:**
> ➤ Einatmen, bis 4 zählen.
> Kurze Atempause.
> Ausatmen, bis 8 zählen.
> Kurze Atempause.

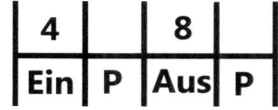

4		8	
Ein	P	Aus	P

In diesem Beispiel wird mehr "alte" Luft ausgeatmet und die Qualität der Einatmung verbessert. Visamavritti kann mit verschiedenen Zahlenverhältnissen ausgeführt werden (z.B. 3-0-6-0, 4-0-6-0, 5-0-8-0, 5-0-10-0). Die Auswahl beruht darauf, welcher Teil der Atmung verbessert oder trainiert werden soll. Auch hier kann im fortgeschrittenem Stadium mit Atemanhaltungen gearbeitet werden, z. B. 4-8-4-0 oder 3-6-9-0.

Ist die Einatmung schwach oder flach und soll verlängert werden, ist die folgende Übung hilfreich.

6. Anuloma Krama

Anuloma Krama arbeitet intensiv an der Einatmung. Es ist eine sinnvolle Übung zur Stärkung der Konzentration und Aufmerksamkeit und zur Aktivierung des Geistes. Wird dieses Pranayama über einen längeren Zeitraum ausgeübt, so kann sie flache Atmung vertiefen und zu einer natürlichen Atmung zurückführen.

Man sitzt bequem mit geradem Rücken und legt die Hände entspannt in Chin Mudra auf die Oberschenkel.

Ausführung:
➤ Einatmen, bis 2 zählen.

➤ Luft anhalten, bis 2 zählen,

➤ weiter einatmen, bis 2 zählen.

➤ Luft anhalten, bis 2 zählen,

➤ weiter einatmen, bis 2 zählen.

➤ Luft anhalten, bis 2 zählen,
(weitermachen, bis die Lungen völlig gefüllt sind).

➤ Freie Ausatmung.

2	2	2	2	2	2	frei
Ein	H	Ein	H	Ein	H	Aus

Man wiederhole die Unterbrechung der Einatmung für fünf bis zwanzig Atemzüge. Mit der Zeit sollte man versuchen, die Einatmung so oft wie möglich zu unterbrechen. Am wirkungsvollsten ist diese Übung am Morgen und sollte nicht vor dem Einschlafen ausgeübt werden. Hierzu eignet sich Viloma Krama.

7. Viloma Krama

Anuloma Krama arbeitet an der Ausatmung. Die Übung entspannt und beruhigt Geist wie Körper.

Ausführung:

➤ Freie Einatmung.

➤ Ausatmen, bis 2 zählen.

➤ Luft anhalten, bis 2 zählen,

➤ weiter ausatmen, bis 2 zählen.

➤ Luft anhalten, bis 2 zählen,

➤ weiter ausatmen, bis 2 zählen.

➤ Luft anhalten, bis 2 zählen
(weitermachen, bis die Lungen völlig leer sind).

➤ Freie Einatmung.

2	2	2	2	2	2	frei
Aus	H	Aus	H	Aus	H	Ein

Man wiederhole die Unterbrechung der Ausatmung für fünf bis zwanzig Atemzüge. Auch hier kann man mit der Zeit versuchen, die Ausatmung so oft wie möglich zu unterbrechen. Es wird empfohlen, diese Übung vor allem am Abend einzusetzen, da sie zu tiefen Schlaf verhelfen kann.

Beide Kramas können auch von Menschen mit Herzproblemen ausgeführt werden, da die Anhaltungen kurz sind und das Herz kaum belasten. Sie erhöhen die Flexibilität der Lungen und fördern die Konzentrationsfähigkeit. Am Anfang können Anuloma Krama und Viloma Krama auch im Liegen ausübt werden.

8. Pratiloma Krama (fortgeschritten)

Pratiloma ist eine Kombination von **Anuloma** und **Viloma Krama**. Diese Übung erfordert ein hohes Maß an Konzentration und fördert sowohl die Qualität der Einatmung wie auch der Ausatmung.

Ausführung:

➢ Einatmen, bis 2 zählen.

➢ Luft anhalten, bis 2 zählen,

➢ weiter einatmen, bis 2 zählen.

➢ Luft anhalten, bis 2 zählen,

➢ weiter einatmen, bis 2 zählen.

➢ Luft anhalten, bis 2 zählen,
(weitermachen, bis die Lungen völlig gefüllt sind).

➢ Ausatmen, bis 2 zählen.

➢ Luft anhalten, bis 2 zählen,

➢ weiter ausatmen, bis 2 zählen.

➢ Luft anhalten, bis 2 zählen,

➢ weiter ausatmen, bis 2 zählen.

➤ Luft anhalten, bis 2 zählen
(weitermachen, bis die Lungen völlig leer sind; 1 Zyklus)

➤ Einatmen, bis 2 zählen ...

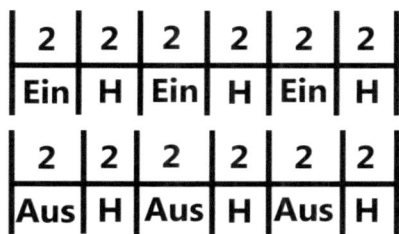

2	2	2	2	2	2
Ein	H	Ein	H	Ein	H

2	2	2	2	2	2
Aus	H	Aus	H	Aus	H

Man wiederhole den Zyklus für fünf bis zwanzig Atemzüge.

9. Bhedana Pranayamas

Bei diesen asymmetrischen Atemübungen wird die Atembewegung getrennt, indem man immer durch dasselbe Nasenloch einatmet und durch das andere ausatmet.

Surya Bhedana

In manchen Übersetzungen wird der Name Surya Bhedana[21] so ausgelegt, dass die Übung das Sonnennadi (= *pingala*) durchstößt und damit für den freien Fluss von Prana öffnet. Dieses Pranayama aktiviert also das Sonnennadi (welches seinen Ausgangspunkt im rechten Nasenflügel hat) und erhitzt den Körper. Wenn man sich lethargisch fühlt oder wenig Energie hat, empfiehlt sich Surya Bhedana. Es verringert auch Blähungen und andere

---

[21] Sanskrit *bhedana* bedeutet „durchstoßen" oder „durchgehen", surya bedeutet „Sonne".

Verdauungsprobleme, da dieses Pranayama das Verdauungsfeuer entfacht, und es kann bei Depression hilfreich sein.

Ausführung:

➢ Man sitzt in einer bequemen Position, bei der der Rücken aufrecht gehalten werden kann, und formt mit der rechten Hand das Vishnu Mudra.

➢ Auftakt: Verschließe das rechte Nasenloch mit dem Daumen und atme links aus.

➢ Das linke Nasenloch wird mit dem kleinen Finger und dem Ringfinger verschlossen und dann atmet man durch das rechte Nasenloch ein.

➢ Man verschließt das rechte Nasenloch, öffnet links und atmet durch das linke aus.

➢ Nun verschließt man wieder das linke, öffnet rechts und atmet ein.

➢ Rechts schließen, links öffnen, links ausatmen.

➢ Links schließen, rechts öffnen, rechts einatmen.

Auf diese Weise fährt man für drei bis zehn Minuten fort.

Hier ist es möglich, Zählverhältnisse wie z. B. bei Samavritti und Visamavritti zu verwenden, um den Atem zu regulieren und/oder eine bestimmte Funktion zu fördern. Fortgeschrittene Übende können mit Atemanhaltungen nach der Ein- und/oder Ausatmung arbeiten.

In der Hatha Yoga Pradipika ist die Wirkung von Surya Bhedana so beschrieben:

HTP II.50
Surya Bhedana ist hervorragend für die Reinigung des Gehirns (Cranium) geeignet, es hebt Unausgeglichenheiten des "vata-dosha"[22] auf und entfernt Bakterien aus dem Körper. Darum sollte es wiederholt durchgeführt werden.

Wirkung

Da das Pranayama Wärme im Körper erzeugt, aktiviert und stimuliert es die Prana-Energie durch die Aktivierung des Sonnennadis. Es reduziert Dumpfheit, Lethargie und Depression und bringt frische Energie in den Körper, so dass physische Aktivitäten effizienter durchgeführt werden können. Auch macht es den Geist wacher und scharfsinnig und kann gut als Vorbereitung zur Meditations-Praxis genutzt werden.

Chandra Bhedana

Für Chandra Bhedana[23] wechseln wir einfach das Nasenloch, atmen immer durch das linke Nasenloch ein und durch das rechte aus.

Dieses Pranayama aktiviert das Mondnadi (= *ida*), welches seinen Ausgangspunkt im linken Nasenflügel hat. Ihm wird eine kühlende Wirkung zugeschrieben. Die Übung kann bei

---

[22] Vata Dosha ist ein ayurvedischer Begriff, der Luft- und Äther-Elementen bezeichnet. Die Hauptfunktion von Vata im Körper ist Bewegung. Wenn es aus dem Gleichgewicht gerät, verspüren Menschen mit Vata-Dominanz Stimmungsschwankungen, sie sind instabil, ängstlich, besorgt, haben einen Mangel an Energie und fühlen sich erschöpft. Sie können Rückenschmerzen, Gelenks- oder Kopfschmerzen haben und unter Blähungen und Verstopfung leiden.
[23] Sanskrit *bhedana* bedeutet „durchstoßen" oder „durchgehen", *chandra* bedeutet „Mond".

Wut und Aggression hilfreich sein, da es im Gegensatz zu Surya Bhedana beruhigend wirkt. Frauen in den Wechseljahren können dieses Pranayama[24] nutzen, um Hitzewallungen unter Kontrolle zu bekommen oder zu verkürzen.

10. Nadi Shodhana (Wechselatmung)

Der Name besagt, dass die Energiekanäle (= Nadis) im Körper durch dieses Pranayama gereinigt (= Shodhana) werden. Da der Körper seine Atmung automatisch ca. alle 2h vom linken Nasenloch zum rechten wechselt und umgekehrt, werden die beiden Seiten des Körpers gleichmäßig mit Prana versorgt und ein inneres Gleichgewicht hergestellt. Nadi Shodhana imitiert nun diesen Mechanismus. Es reguliert die Atmung durch beide Nasenlöcher und erzeugt ein Gefühl von Zentriertheit und Frieden.

Zur Ausführung nimmt man eine bequeme Haltung mit geradem Rücken ein, formt mit der rechten Hand das Vishnu Mudra, mit der linken das Chin Mudra und lässt die linke Hand am linken Oberschenkel oder Knie ruhen.

Ausführung:
Auftakt: Verschließe das rechte Nasenloch mit dem Daumen und atme links aus.

➢ Links einatmen.

➢ Linkes Nasenloch mit kleinem Finger und Ringfinger verschließen,

---

[24] Sie können auch Shidtali dazu benutze, siehe Seite 47.

> rechts öffnen.

> Rechts ausatmen.

> Rechts einatmen.

> Rechtes Nasenloch mit Daumen verschließen,

> links öffnen.

> Links ausatmen (1 Zyklus).

> Links einatmen …

Die Übung wird fünf bis zehn Minuten ausgeführt. Benutzt
man sie als Aufwärmung für andere Übungen, dann genügen
zwei bis drei Minuten. Wichtig ist die kontrollierte Länge
der Ein- und Ausatmung. Man kann bis vier während der
Ein- und Ausatmung zählen, um einen gleichmäßigen
Rhythmus herzustellen und die Konzentration aufrecht zu
erhalten, aber auch verschiedene andere Zahlenverhältnisse
von Samavritti und Visamavritti praktizieren (z. B. 5-0-5-0,
4-0-8-0, 5-0-10-0).

11. Visamavritti Nadi Shodhana Kumbhaka

Wenn die Wechselatmung (Nadi Shodhama) mit 4-0-8-0 ohne Schwierigkeiten ausgeführt werden kann, ist es möglich, die Übung durch einer Atemanhaltung zu erweitern. Damit wird die verstärkte Kontrolle der Ein- und Ausatmung erlernt.

Der Rhythmus erfolgt üblicherweise im Verhältnis 1:4:2:0, häufig wird 4-16-8-0 angewandt. Wem das zu lange ist, kann mit 3-12-6-0 beginnen, ein Fortgeschrittener kann auf 5-20-10-0 erhöhen.

Ausführung:
Auftakt: Verschließe das rechte Nasenloch mit dem Daumen und atme links aus.

> Links einatmen, bis 4 zählen.

> Beide Nasenlöcher mit Vishnu Mudra verschließen. Atem anhalten, bis 16 zählen.

> Rechts öffnen und ausatmen, bis 8 zählen.

> Rechts einatmen, bis 4 zählen.

> Beide Nasenlöcher mit Vishnu Mudra verschließen. Atem anhalten, bis 16 zählen.

> Links öffnen und ausatmen, bis 8 zählen (1 Zyklus).

> Links einatmen, bis 4 zählen …

Wichtig ist, dass gleichmäßig Luft während des Zählens ein- und ausgeatmet wird. Es sollte so lange geübt werden, bis eine kontrollierte Ein- und Ausatmung leicht fällt, bevor man zu einem höheren Zahlenverhältnis übergeht. Der exakte Rhythmus ist wichtiger als die Länge der Übung. Das Ziel ist, mindestens zehn Minuten ohne Anstrengung praktizieren zu können. Fortgeschrittene können während der Atemanhaltung alle drei Bandhas anwenden.

12. Samavritti Nadi Shodhana Kumbhaka

In dieser fortgeschrittenen Form werden alle Anteile der Atmung gleichlang gehalten. Beginne mit einer kurzen Sequenz und erhöhe nur, wenn die Übung längere Zeit bequem und ohne Atemnot ausgeführt werden kann, z. B. im Rhythmus 5-5-5-5.

Ausführung:
Auftakt: Verschließe das rechte Nasenloch mit dem Daumen und atme links aus.

➤ Links einatmen, bis 5 zählen.

➤ Beide Nasenlöcher mit Vishnu Mudra verschließen. Atem anhalten, bis 5 zählen.

➤ Rechts öffnen und ausatmen, bis 5 zählen.

➤ Beide Nasenlöcher mit Vishnu Mudra verschließen. Atem anhalten, bis 5 zählen.

➤ Rechts öffnen und einatmen, bis 5 zählen.

➤ Beide Nasenlöcher mit Vishnu Mudra verschließen. Atem anhalten, bis 5 zählen.

➤ Links öffnen und ausatmen, bis 5 zählen.

➤ Beide Nasenlöcher mit Vishnu Mudra verschließen, Atem anhalten, bis 5 zählen (ein Zyklus).

➤ Links öffnen und einatmen, bis 5 zählen ...

Beginne mit fünf Zyklen und erhöhe mit der Zeit auf zehn. Danach kann die Zählung auf sechs und mehr gesteigert werden. Wird die Übung mit zwölf gemeistert, kann die Zeit der Atemanhaltungen erweitert werden, wie folgende Tabelle aufzeigt:

Ein- / Ausatmung	Halten (kumbhaka)
$x = 12$	$y = 12$
$x = 12$	$y = 18$
$x = 12$	$y = 24$
$x = 12$	$y = 30$

In einem fortgeschrittenem Stadium können alle drei Bandhas während der Atemanhaltung angewendet werden.

Die folgende Übung ist besonders für Apnoe-Taucher empfohlen.

13. Atemanhaltung mit leeren Lungen (fortgeschritten)

Diese Form von Visamavritti Nadi Shodhana Kumbhaka arbeitet mit einer langen Atemanhaltung nach der Ausatmung (*bahya kumbhaka* = Atemanhaltung mit leeren Lungen) und ist deswegen eine gute Trainingsmöglichkeit für Apnoe-Tauchern oder Menschen, die ihre Konzentrationsfähigkeit und ihre mentale Stärke verbessern möchten.

Zuerst sollte man einfache Formen von **Nadi Shodhana** erlernen, bevor man sich an dieser versuchst. Der Rhythmus ist 3-9-6-9.

ॐ

Ausführung:

Auftakt: Verschließe das rechte Nasenloch mit dem Daumen und atme links aus.

➢ Links einatmen, bis 3 zählen.

➢ Beide Nasenlöcher mit Vishnu Mudra verschließen. Atem anhalten, bis 9 zählen.

➢ Rechts öffnen und ausatmen, bis 6 zählen.

➢ Beide Nasenlöcher mit Vishnu Mudra verschließen, Atem anhalten, bis 9 zählen.

➢ Rechts öffnen und einatmen, bis 3 zählen.

➢ Beide Nasenlöcher mit Vishnu Mudra verschließen, Atem anhalten, bis 9 zählen.

➢ Links öffnen und ausatmen, bis 6 zählen.

➢ Beide Nasenlöcher mit Vishnu Mudra verschließen, Atem anhalten, bis 9 zählen (ein Zyklus).

➢ Links öffnen und einatmen, bis 3 zählen ...

Wenn man in Atemnot gerät, muss die Übung sofort beendet werden. Dann lange und tiefe Atemzüge nehmen und in Savasana ausruhen.

14. Shitali und Shidkari

Diese beiden Pranayamas unterscheiden sich von den anderen Pranayamaübungen dadurch, dass man teilweise durch den Mund atmet.

Bei **Shitali** wird die Zunge zu einer Rinne geformt, aus dem Mund gestreckt und von den Lippen gehalten. Nach der Einatmung durch die so geformte Röhre wird die Luft angehalten, der Mund geschlossen und die Ausatmung erfolgt durch die Nase.

Ausführung:

➢ Die Zunge zu einer Rinne rollen, Kopf etwas nach oben heben und
durch die gerollte Zunge einatmen.

➢ Zunge lösen, Mund schließen, die Zunge nach hinten rollen und die Zungenspitze gegen den Gaumen drücken.

➢ Kinn langsam zum Brustbein ziehen (= Jalandhara Bandha), die Luft anhalten, solange es bequem ist,

➢ dann den Kopf heben, die Zunge lösen und
durch die Nase ausatmen (1 Zyklus).

➢ Zunge wieder zu einer Rinne formen und mit der Einatmung den Kopf etwas heben ...

Fünf bis zwanzig Zyklen ausführen.

Shidkari

Durch genetische Veranlagung ist es nicht allen Menschen möglich, die Zunge zu einer Rinne zu formen. Dann können sie Shidkari üben. Hier wird die Zunge nach hinten gerollt und gegen den Gaumen gedrückt. Der Mund bleibt geöffnet und die Luft kann seitlich der Zunge hineinströmen. So werden die Seiten der Zunge mehr aktiviert als bei Shidtali, das stärker die zentralen Nerven der Zunge stimuliert.

Wirkungen

Beide Übungen kühlen den Körper und sind bei leichtem Fieber anwendbar. Sie trainieren die Flexibilität der Zunge, reinigen diese und aktivieren die Geschmacksnerven. Es wird ihnen nach gesagt, dass sie den Gesichtsausdruck verschönern können und bei der Verdauung helfen.

15. Bhastrika und Kapalabhati

Bhastrika imitiert die Bewegungen eines Blasebalgs, der ein Feuer anfacht. Wie der Name **Bhastrika** (= Blasebalg) andeutet, wird hier die Bauchmuskulatur rhythmisch und schnell nach innen gezogen und damit die Luft aus den Lungen gepresst. Dies entfacht das „innere Feuer", weshalb diese Technik im Kundalini Yoga „Breath of Fire" (Feueratmung) genannt wird.

Wirkungen

Die Blutzirkulation steigert sich, die Körperzellen werden gereinigt und der Körper erwärmt sich. Die Lungen werden gedehnt und dadurch beweglicher, die Bauchmuskulatur gekräftigt, die Verdauung angeregt. Mit diesen Übungen werden Leber, Pankreas und das Verdauungssystem aktiviert. Sie erfrischen das Gehirn und vitalisieren den ganzen Körper. Die vehemente Ausatmung reinigt Stirnhöhlen und Nase, speziell bei einseitiger Ausübung (linkes oder rechtes Nasenloch verschlossen) und sie kann Blockierungen der Atemweg lösen.

Aber VORSICHT: dieses Pranayama muss bei starker Verkühlung und totaler Blockade der Nebenhöhlen wegen Verletzungsgefahr unterlassen werden. Diese Übung darf auch nicht ausgeführt werden, wenn man unter hohem Blutdruck, einer schwachen Konstitution oder an ernsthaften Augen- und Ohrenkrankheiten leidet. Menschen, die Antidepressiva oder andere schwere Medikamente nehmen, wird ebenfalls von dieser Übung abgeraten.

॥ॐ॥

Ausführung:

Man sitzt bequem mit geradem Rücken und

> atmet 8-10 mal mit Unterstützung der Bauchmuskulatur sehr schnell und rhythmisch ein- und aus; man endet mit einer Ausatmung.

> Einmal normal ein- und ausatmen,

> dann einen langen Atemzug nehmen und

> den Atem für 10-45 Sekunden anhalten. (1 Zyklus)

Es können drei bis zehn Zyklen ausgeführt werden und danach sollte man in Savasana entspannen. Die Atemanhaltung im fortgeschrittenem Stadium kann auf ein bis zwei Minuten verlängert und durch Bandhas verstärkt werden.

Kapalabhati[25]

Diese Reinigungsübung[26] wird oft als Pranayama vorgestellt und stellt eine mildere Form von Bhastrika dar, weshalb sie Anfängern empfohlen werden kann. Der Unterschied besteht darin, dass die Einatmung automatisch mit dem Loslassen der Bauchmuskulatur und dem passiven Einströmen der Luft in die Lungen erfolgt. Zur Darmreinigung und -aktivierung kann man Kapalabhati im Stehen ausführen, die Knie werden dabei leicht gebeugt, der Oberkörper etwas nach vorne gelehnt und die Hände auf den Knien aufgestützt.

---

[25] Sanskrit *kapalabhati* bedeutet „leuchtender Schädel".
[26] Kapalabhati wird in der Hatha Yoga Pradipika als ein Shat Karma beschrieben und dort nicht zu den Pranayamaübungen gezählt.

"Hyperventilationen", wie sie bei Kapalabhati und Bhastrika praktiziert werden, bewirken einen starken Ausstoß von CO_2 und sollten unbedingt von Atemanhaltungen gefolgt werden, um das Gleichgewicht wieder herzustellen. Apnoe-Taucher dürfen diese Übungen auf keinen Fall unmittelbar vor einem Tauchgang ausführen.

Im Sivananda Yoga wird diese Übung mit 30-50 heftigen Atemzügen gelehrt, die von einer Minute Atemanhaltung abgeschlossen wird. Es ist aber durchaus möglich mit zehn Atemzügen zu beginnen und die Anzahl nur langsam zu steigern, vor allem wenn Probleme auftreten.

Diese beiden Techniken können manche Übende physisch und psychisch überfordern. Sie sind strapaziös und ermüdend, Lungen und Herz können überanstrengt werden. Die starken Bauchbewegungen können auch außerordentliche emotionale Reaktionen hervorrufen. Daher sollte man vorsichtig üben und bei Schwindel oder Unwohlgefühlen die Praxis sofort beenden und in Savasana entspannen.

Schlusswort

Pranayama ist ein hilfreiches und interessantes Werkzeug, das uns in mannigfacher Weise positiv beeinflussen und in unterschiedlichen Lebenslagen helfen kann.

Die Autorin hofft, dieses Buch konnte die Wirkungskraft von Pranayama aufzeigen und die LeserInnen zu einer Praxis ermuntern oder zum Weitermachen motivieren. Das hier Gesagte und Gedachte sollte an der eigenen Lebenswirklichkeit reflektiert werden, und in diesem Sinne nehme man sich die folgenden Worte des Buddhas zu Herzen:

> Verlasst euch auf euch selbst und nicht auf irgendeinen anderen. Glaubt mir nichts, nur weil ich es gesagt habe, sondern prüft, ob es eurer Erfahrung entspricht. Seid euer eigenes Licht.[27]

---

[27] Quelle: http://www.buddhismus-schule.de/inhalte/buddhasleben.html. 26.2.2011

Abkürzungserklärungen

YS I.2: Yoga Sutras, I. Kapitel, 2. Sutra

HTP I.3. Hatha Yoga Pradipika, I. Kapitel, 3. Sutra

Weiterführende Literatur

Die große Kraft des Atems: Richtig atmen lernen durch Yoga, André van Lysebeth und Gabriel Plattner, 2010.
ISBN-13: 978-3426291795

Licht auf Pranayama. Die Atemschule des Yoga, B.K.S. Iyengar, 1998.
ISBN-10: 3502633363

Der Yogaleitfaden des Patanjali, Sanskrit/Deutsch, übersetzt und herausgegeben von Reinhard Palm. Reclam, 2010.
ISBN 978-3-15-020197-8

Hatha Yoga Pradipika by Yoga Swami Svatmarama, Foreword by B K S Iyengar, 1991.
ISBN 81-7030-808-9

Ashtanga Yoga. Praxis, Theorie und Philosophie, Jana A. Czipin, BoD 2014.
ISBN 978-3-7322-6313-4.